피의 고현학

이 책은 한국도서관협회가 선정한 우수문학도서로 기획재정부복권위원회의 복권기금을 지원받아 무료로 제공합니다. (참조 : www.for-munhak.or.kr)

애지시선 038

피의 고현학

2011년 9월 29일 초판 1쇄 발행
2011년 12월 26일 초판 2쇄 발행

지은이 이민호
펴낸이 윤영진
편 집 함순례
디자인 함광일 이경훈
홍 보 한천규
펴낸곳 도서출판 애지
등록 제 2005-5호
주소 300 -170 대전광역시 동구 삼성동 125-2 4층
전화 042 637 9942
팩스 042 635 9941
전자우편 ejiweb@hanmail.net

ISBN 978-89-92219-32-7 03810

애지시선 038

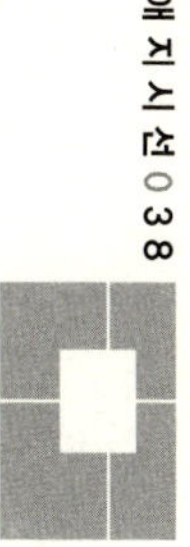

피의 고현학

이민호 시집

□ 시인의 말

시詩는 내게 와서 학學으로 전락하였다
이렇게 된 곡절이 없는 것은 아니지만
훗날 이 업을 달게 치를 일이니

발터 벤야민은 결국 국경을 넘지 못하고 말았다
그렇게 철학은 그에게 와서 시가 되었으니
이제 그 길을 묵묵히 따를 뿐

나를 매혹하는 여기저기 눈물 어린 사람들과
넘지 못할 경계 넘어 멀리 가고자한다

2011년 가을
이민호

차례

제3부

제1부

푸코와 데리다

어린 딸년의 친구 엄마가 아기를 가졌다고 햄스터 두 마리를 대신 키워 달라 부탁한 것은 폭염이 시작될 무렵. 새 생명에게 광기의 역사와 자기모순에 빠진 언어로 새 세상을 보게 할 수는 없지 않는가, 눈물겨운 모정. 원형 감옥 속에서 수컷 한 놈은 폭력이라는 이름의 시를 쓰며 쳇바퀴를 돌리고 또 한 놈의 수컷은 돌출된 앞니로 그 시를 발기발기 조각내 삼키고는 겨자씨 같은 관계들만 배설. 그러니 가을은 멀지 않으리. 지난겨울을 뼈아프게 지내고 힘겹게 봄을 맞았던 인수봉 정수리가 뜨거운데. 어서 쇠창살을 깨뜨리고 딸년 몰래 햄스터를 놓아 주어야지. 주섬주섬 해체된 의미를 맞춰가며 수줍게 밤을 기다리면 환약 같은 햄스터 똥 알알이 지독히 냄새나는 거기서 무슨 우담바라가 사뿐히 피고는 삼천 년 만에 우리 딸년의 눈물 어린 수레바퀴를 돌릴 그리운 사람들이 몰려오리라.

솔 · 레 · 라 · 미

가느다란 줄에 매달려 가슴 없이 머리와 배만 걸친 절지동물에게는 내력이 있다 아픈 다리쯤 툭 분지르고 절뚝이며 가야한다는 소리가 있다 부지런히 그늘을 넓히라 똥구녕이 찢어지도록 얼얼 뽑은 피 묻은 날과 젖은 올을 쳐 이 세상 어둡게 그물 치라는 명령이 있다 대롱대롱 몸에 붙어 있다가 저기 저 아래 오래전 염했던 평생 농군 할아버지에게로 달려가 보라는, 장수하늘소를 이리저리 몰고 다녔다는 아흔 아홉 생애를 내 머리맡에 두고 간 왕거미

이제 그만 내 몸에서 손을 떼어요 당신이 짚어가는 마디마디 수만 고원을 솟게 하지만 그냥 내 몸에서 물소리 새소리 사람소리 흘러나오도록 이제 그만

삼천포로 빠지다

어린 동생이 찢어 딱지 만든 것 다시 풀어 이어보니 클레오파트라가 연개소문과 결혼했고 브루투스 너마저 창덕궁에서 왜놈을 피해 몽진하니 관동대지진으로 삼청동 부근에서 총성이 있었다고 수없이 깨진 유리창으로 꽃향기 뒤죽박죽 서울역 앞 가득 매운 사람들 위화도 회군,

여몽연합군에 쫓겨 가까스로 살아남은
삼별초 무리 일부
진도 앞바다 수평선 넘어 사라진 남쪽 어디

산에는 도둑이 없고 길에 흘린 물건도 줍지 않는다는
율도국

찾아 헤매고 헤매이는

도마뱀의 잠꼬대

파르르 몸을 떨더니 몽당꼬리를 들었다 놓았다 볼록 눈알은 주름 잡힌 눈꺼풀을 조였다 풀었다(숨소리는 들리지 않는다) 머리부터 세운 갈기가 목덜미로 내려갈 때는 두툼한 얼굴이 영락없이 꼬숩게 솔잎 묻은 추석 송편이다(지푸라기처럼 얌전하다) 어둠을 닮은 보호색이 잔등을 타고 검푸르게 밀려가다 꼬리쯤에서 툭 떨어진다(턱! 가슴이 답답하다) 어디론가 굴러갈 듯 꼬리 저편 허공을 말아 올리다 그만 자꾸 널브러진다

(왜 몰랐을까? 꼬리가 몸을 버렸다는 사실을)

바람아래 꽃지에서 울었네

무거운 집을 버린 앞발 큰 게와 껍질을 벗고 바닷가를 거닐며 뇌 없는 바다가재 이야기를 나누었네. 옆구리로 짜디짠 수액을 흘리는 고로쇠나무도 한 장 날갯죽지를 잃어 파득이는 고추잠자리도 저수지 갯가에 기대어 가쁜 숨을 내쉬는 참붕어도 여러 대 빰을 맞았던 죽은 햄스터도 해풍에 밀려 하루하루 서너 발자국씩 뒷걸음질 치는 붉은 해송도 발아래 놓였던 모든 어린 목숨도 졸졸졸 힘없이 흐르는 냇물도 저 파란 하늘도 하물며 하물며 떠도는 바람도 행복했던 순간보다는 고통 안에서 모두 하나다 우우 너희가 우리에게 고통을 안기려느냐 그러면 우리는 하나다

네버 엔딩 포이트리(Never Ending Poetry) : 1943—1985—2010—

아침 해가 뜨기 전 제국의 항모를 이륙한 108대의 가미가제 폭격기가 미드웨이 섬을 향해 정신없이 날아가고 있다. 1943년의 일이다. 해방의 날이 멀지 않았다는 것을 기억하지 못하는 나는 대열도 대오도 없는 빨간 고래밥만 한 비행기 세 대를 100원에 사서 스타트 단추를 눌렀다. 1985년이었다. 살고 죽는 것이 삼세 번이다. 한 손은 좌우상하 때론 회전, 한 손은 손가락을 닭부리처럼 만들어 난타. 경련—무호흡증—망각, 이런 전략이 필요했다. 회피, 또 요리조리 회피해야 사는 그런 몸짓으로 구십팔만 점을 기록하고 있었다. 어느 새 두 대의 비행기를 잃었고 나머지 한 대는 장렬한 최후를 생각했다. 두 손을 놓아 버렸다. 108개의 염주알이 한 알 두 알 고리를 풀고 떨어지는 잉어집 오락실 외로운 섬에서, 해방의 날이 요원하기 때문에 하나 둘 신념을 버렸다는 식민지 소식을 나 홀로 듣곤 했다. 그리곤 1987년이었다. 시청 앞 광장에 파묻었던 불발탄이 몇 차례 물굽이에 쓸려 후미진 골목 여기저기 나뒹굴고 있는 2010년. 깻잎 냄새를 풍기며 한 떼 어린 계

집애들이 비비재재 몰려가고 있다. 촛불 속으로

피의 고현학考現學

아프리카 탄자니아 초원
가시나무 숲에서 북소리가 들린다
마사이족 전사가 창을 들고 일어나
몸을 솟구치며
혓바닥을 목울대까지 내밀고
쿵쿵
눈을 부라리며
수직으로 뛰어 오른다

한번도 노예로 끌려가지 않았다는
양피지
피의 흔적

500만 년 전
아프리카 탄자니아 협곡을 떠난 이후
한번도
금 간 빗살무늬토기를 가득 채우기 위해

누군가의 뒤통수를 내리친 적 없는
끈 풀린 돌도끼를
아무도 질질 끌고 가 노예로 삼을 줄 몰랐던
따뜻한 피의 무리 속에서
눈보라가 되어 내려앉는
이름 없는 사람들의 발자국을
곰곰이
생각하며 걷다

브로콜리 너마저

미미야 머리가 아파 뛰쳐나온 어젯밤 너의 손에 찍힌 눈물 젖은 나의 모습을 얼굴 가득 싸안고 한참 지나온 날들을 깊게 현상하다 미미야 비로소 나는 겐지샵으로 달려간다 안녕하세요 열여섯 살로 절대 돌아가고 싶지 않은 리얼베리라구 해요 제가 아직도 어떤 스타일로 옷을 입어야 될지 모르겠어요 얼굴은 저렇게 생겼구요 키는 잴 수 없이 작고요 몸무게는 그저 그렇고 하체는 상체를 능가해요 이제 미미야 나는 광야로 가지 않겠어 칼과 방패를 내려놓고 갑옷과 철가면 같은 것은 훌훌 벗어던지려고 해 돌돌 말린 독수리워싱 처리한 반바지를 예쁘게 펼쳐 입고 하얀색 브이짚업에 몸을 맡긴 채 새틴리본왕핀을 나비모양으로 머릿결 너머에 펼쳐 고이고 텔미 텔미 체크 체크 핑크해골 목걸이를 걸치고 아직 태어나지 않은 할아버지가 끌고 가던 어미소 뒤를 또닥또닥 따르는 어린 송아지 눈빛으로 토요일 토요일 밤 홍대 어디쯤 지하카페로 가자 미미야

악보 넘겨주는 여자

타이밍이 중요해요 연주를 망칠 수 있으니까요 장승처럼 서 있다 피아노 건반이 단말마의 고통에 신음할 때 살짝 여윈 손 가지를 뻗어 한 장 넘겨주면 새 생명의 음률이 허겁지겁 젖을 빨아요 그럴 때 다시 밀려오는 적막을 견디며 미동도 없는 시간을 나 홀로 두드리고 있지요 곡절의 마디마디 연주는 곧 끝나리라는 걸 미리 알고 있어도 벼랑 끝으로 달려가는 삶의 거친 물결을 건잡을 수 없어 아무도 모르게 전율하는 텅 빈 악보

시인의 얼굴

— 오장환

미당이 시인부락의 족장이고 언어의 정부라면
그에게 언어의 정부를 조각하도록 허락한 언어의 대통령
스스로 금기가 되었던 전위
김수영의 아피고넨들아 들어라!
시와 함께 사람을 먼저 생각했던 너희들의 조종祖宗이 여기 있다
너희들의 미래가

제2부

읍揖 차린 잔치

국수 면발에도 마디가 있다
밤새 울어 퉁퉁 불은 눈언저리가 있다
후르르 삼키며 컹컹 목이 메는 곡절이 있다

이집 저집 상들이 네발 달려 걸어왔을 것이다
키가 작아도 빛나도 귀퉁이 깨어져도
한마당에
머리와 다리를 접붙여 앉히고
국수 말아 먹을 슬픔이 출렁
바다를 이룬

마중물 남자

완주할 생각은 말아야한다 승전보를 품고 허겁지겁 달려가 쓰러져 죽을 영광은 없다 적당한 거리를 두고 사라지는 풍경처럼 계시를 이루기 위해 죄를 지은 종교처럼 지하갱도로 끌려간 카나리아처럼 잠수함과 함께 수장되었던 토끼처럼 흙탕물에 쿨럭이는

오브제여! 이제 그만

35킬로미터 지점에서 마르셀 뒤샹의 샘물로 목을 축이자

* '샘' —마르셀 뒤샹의 1917년 작품. 그해 러시아에서 혁명이 있었다.

원시가족

둘러앉아 한 송이 포도를 나눠 먹으며
조금 있으면 우리 모두는
자줏빛 혓바닥을 갖게 될 것이라고
어린 것들이 반달 같은 혀뿌리를 길게 빼고
너도 어서 내놔라 아빠야
너도 어서 내놔라 엄마야
만약 내놓지 않으면 구워 먹을 테다
춤추며 노래하며 발광하는 가을

집은 왕십리 산동네
재개발지역
조금 있으면 우리 모두는

우리가 세상을 낳았다는 말

무엇인지 들려주지 않고
천냥 동전 입에 문 채
붉은 견포 마지막 호사 덮어 쓰고
세상 뜬지 몇 해

이리 옮기고 저리 휩쓸려
냉장고 저 한 귀퉁이
까맣게 내쳐 두었을
꽁꽁 동여맨 자궁
푸르게 진 달라붙은 된장 단지

그만 하시라 해도
때마다 담가 올렸던
철지난
엄마 냄새

서풍 타고 날아온 모서母書 한 장

* '우리가 세상을 낳았다' — 박홍식 시인의 시 「모서」에서

외발로 서 있는 詩

해저물녘 연립주택 공사판 여기 저기
삽들이 나뒹굴고 있다
파산했으리라
몇 놈은 드러누워 무딘 삽날을 뒤척이며 불꽃을 일으키고
또 몇 놈은 엎어져 맨 땅에 이마를 뭉개고
신음도 없이 피 흘리지 않으며
모두들 내팽개쳐져 있다
그런 나날 속에서

손목 부러진 삽자루를 가만히 일으켜
흙무덤에 꽂아 주었다

백일몽

중복도 지나 장마도 끝나 염천 아래 그늘 찾아 비실비실 개 한 마리 늘어진 여름 한낮이어요 가끔씩 소나기가 비치다가 말다 마음은 허당 아래 천길 만길 걷잡을 수 없이 길을 내어요 멀리 동네 정자 마루에 하얗게 머리 쇤 할멈씨들이 무릎에 하나씩 더러는 둘도 셋도 어린 것들을 얹혀놓고 기울어진 요강 모양 손부채를 자발자발 흔들고나 있어요 이제는 무엇 하나요 뙤약 아래 강마른 대오리 한아름 가져다 깔깔하니 끌어안고 풀무더기 같은 비린 낮잠이나 자고 말면 그래서 언뜻 선뜻 일어나 한참을 멍하니 저 검푸른 산등성이만 바라보면

학살

예취기로 모두 날려 버린

가을
무덤 무덤들
피비린내 풀내음
어디선가 풀벌레
울음소리 끊어질듯
힘없이 무릎 꿇는
붉은 저
노을

한 장 부끄러운 이력을 가슴에 품고
가을 산 중턱에 서 버린 중년

때론
모든 것이 모질되
한갓 풍경이라는

절박한 패배주의

일곱 살 걱정거리

앞니 빠진 아이가
무슨 걱정이 있을까요 있다면
어디 나오나
엄마 검지
노란 입 속 더듬거리면
징그러운 애벌렌줄 잘못 알고
샛니 꼭꼭 숨으면 어쩌나
그런 걱정이지요

애비는 비정규직이다
앞니 빠진 웃음을 지으며
누군가 네 입 속에서
깊은 한숨
꺼내지나 않을까
꼭꼭 숨어 사는 그림자
징그럽게 애비는

흙다짐

깨우지 않아도 발딱 일어나 웃기부터 하는 어린 자식들 눈에 낀 곱을 떼 주며 앞으로 살며 흘릴 눈물의 곱도 함께 슬쩍 떼 낸다

가슴으로 가져다 붙이는

너무 오래 참으며 다지고 다진 탓에 빗물도 눈물도 그냥 몸을 따라 흘러내린다 바람에 실려 온 홀씨 하나도 안고 틔울 수 없는 이 단단함

썩어서 신열이 오르면 한아름 안고서 그만 누워있자고 한다

속살 붉은 봄밤

숨이란 숨은 다 틀어막고
한 움큼 혀 깨물고
헉헉
아아
가리봉동 뒷골목서 마주 했던
그라인더가 내지르는
땜질 알갱이 끝에 피어나는
구릿빛 신음

꽃샘

뒷짐 진 채
서 있지 말자

무서운 일이다

앉은부채 앉은뱅이
문지방에 걸터앉은 서너 살 아기
빈 밥그릇

어서들 모여 앉아
재미난 얘기 들려줍시다

엄마 아빠
사납게 떠나간 우리들

시인의 얼굴

— 신채호

이상한 나라에 봄이 왔습니다
언어의 정부를 따라가지 않은 나는 무정부주의자
어젯밤 숨죽이며 귀 기울였던
어린 자식의 숨소리
가녀린 봄바람 속에서
나의 빈 꿈을 가득 채운 사랑
핏빛 아나키즘

제3부

갈릴리는 바다도 아니며 갈릴리바다

새벽녘이면 밤새 타오르던 연탄불도 꺼져 하얀 재가 되었다
이불 하나를 놓고 서로 당겨 안은 팽팽한 출렁임,
거기 삐져나온 발가락들이 오물조물 자작하니 아직 젖어 있는데

마음속 인대가 끊어졌다

닳고 닳아 물렁뼈로 남은
오래전 어린 네 앞에
어떻게 설 수 있느냐 물을 수도 없구나

나는 이 세상 사람도 아니며 사람이다
외치며 달려 나가는 불붙은 뼈대가 아니라면

상어를 사랑해

서해 어느 해안가던가 백상아리 한 마리가 죽은 채 떠올랐다 풍문으로 떠돌던 얘기보다 더없이 거대한 몸뚱이는 왠지 수줍어 다소곳하다 밧줄에 묶여 뭍으로 질질 끌려오는 내내 동공 없는 까만 눈 속 바닷물이 가득 일렁였다 일주일을 다 보내고 그 다음날이면 뭉텅 빠졌다는 이빨 한 줄이 하나 둘 뽑혀나갈 때,

동화나라 걸리버의 주머니를 뒤졌던 소인국 릴리푸트 사람들이 어느새 몰려와 상어뱃속을 가르기 시작하자 별의별 잡동사니들이 다 쏟아져 나왔다 불탄 시신, 잘린 손가락, 금 간 형해形骸, 변형된 염색체, 용광로에 잠긴 눈물, 타워 크레인 꼭대기에 걸었던 붉은 깃발 ……. 거기에 있을 법한 그녀의 눈빛 허벅지는 없었다고 수근거릴 때,

가라앉지 않기 위해
미움받기 위해
무엇이든 집어 삼키고 마는 지독한 근시안

나는 심연 없는 몸뚱이였다

강둑길로 내려가다

한참을 내려 왔을 것이다 그늘과 그늘 징검다리 건너 소금쟁이 연 가시 가느다란 손발 길게 엎드린 자세로 멀리 밑으로 내려갔을 것이다 다 자라 무엇이 될 줄도 모르고 그저 아래로 아래로 내려간 물줄기처럼 산 바위 부딪쳐 숨 한번 골라 쉬고 강 언덕 저리 안고 잠시 몸 한번 뒤척이고

하심下心이 아니고서는 바라볼 길 없는 곳에 문득 서 있다

어디까지 갔니
어디까지 밀려갔니

졸이고 졸인 마음
하얀 흙무덤

* 『강둑길로 내려가다』: 메자 므왕기(Meja Mwangi, 1948~)의 소설. 케냐 나이로비 건설 노동자의 삶을 그렸다.

청계천에서 트위스트킴을 만났을 때

당당당당당~~~~ 당당당당~~~~ 당당당당~~~ 어느새 저녁 여섯시. 베이스 기타가 전축을 울릴 때 청계천변 아이들은 요꼬짜는 집 안방에 모여든다 목에 스프링을 달았는지 엄마는 우수꽝스럽게 좌우로 고개를 흔들며 양말을 짜고 아이들은 한 발로 허기진 입술 담배를 비벼 끄며 연신 엉덩이가 뜨거워 이리저리 흔드는 해저물녘

요꼬 바늘은 끄덕끄덕 실모이를 쪼고
지붕위의 목계木鷄가 목울대를 높이어 울 때까지
솜털 새잎 봄 햇살에 살며시 던져 줄 때까지
낙엽은 아무렇게나 뒹굴고 있지 않았다

고무줄 노래

원숭이 똥구멍은 빨개—빨가면 사과—사과는 맛있어—
맛있으면 바나나—바나나는 길어—길면 기차—기차는 빨
라—빠르면 비행기—비행기는 높아—높으면 백두산,

죽음은 삶의 흔적을 지우고 가버렸다
혼불을 따라
별들의 무덤 속으로 사라지면 그뿐,
그러나
삶은 죽음의 그림자마저도 다 끌어안고
줄넘기를 하고 있다

숨이 차도록
바동거리며 뛰어 올라
둥둥 떠다니며
발끝이 달 듯 말 듯

— 하늘 높이 아름답게 펄럭입니다.

오만한 길

한 무리의 뛰노는 어린 아이들이, 삿대질에 머리 끄잡아 싸우는 여자들이, 물끄러미 하늘만 쳐다보는 아직 한창인 사내들이, 고래고래 엿장수가, 이놈 저놈 건들대는 젊은 것들이, 무어라 무어라 알아듣지 못하는 소리를 자꾸 하는 할아버지 할머니가, 갱갱짖는 개들도 함께 사라진

어두운 길 위에 서 있다

버림의 미학

여자는 일요일이면 성스럽게 재활용 쓰레기를 버린다 빈 유모차를 앞세우고 따라 나선 늙은 여자가 아까운 듯 지난날을 집어 들고 어디다 둘 수 없어 아파트 단지 내를 몇 번이고 돌다 슬그머니 화단 한 옆에 내려놓고 돌아와 수챗구멍 속으로 사라지는 속절없는 물빛의 소용돌이를 보고 있다 부스러기로 쓸려가는 시간의 알갱이들을 붙잡을 수 없었다고 무심코 목련도 벚꽃도 다투어 지고 난 봄의 끝자락 맑게 비친 초경 자리

키스 앤 세이 굿 바이

서울역 대합실 한켠
쥐며느리
여자는 늘 동그랗게 몸을 말고 있다
첫 만월 다음
일요일 아침
비둘기 떼 수북이 앙가슴 깃털에 부리 씻고
여자의 깨진 발톱 발가락 아홉 개
모두 공손히 입 맞춘다

생전에 연민의 황달을 앓아 온몸이 황금빛이다
알코올 솜으로 콧구멍을 막고 입을 벌리자 작은 동굴에서
한 떼 나비들이 몰려나왔다
수고로웠던 파닥거림이다
향유인 듯 물을 뿌려 단정히 머리 빗질하여도
애틋함 하나 달라붙지 않는다
수의를 입힐 때도

발톱과 손톱을 깎고 머리카락을 담아 몸에 끼워 넣을 때까지도
발 동동 함께 가자 꺼이꺼이 마른 울음 곁에 없이
스물 한 차례나 매듭 묶은 사연을

마음대로 처분하였다

삼양동 헌화가

삼양동 빨래골 오르막을 짐자전거 한 대가 휘휘 청청 오르고 있습니다. 곧 해 질 것 같은데 눈부시지는 않지만 운선처럼 어여쁜 여인이 짐칸에 앉았습니다. 사내는 참 울퉁불퉁 투박하기도 하여 허이허이 속으로 외치며 고래숨 내듯 씩씩대며 페달을 밟습니다. 여인은 아름답게 고즈넉하고 사내는 안간힘 속에 즐거운 낯빛입니다. 그들은 애초부터 저렇게 살기로 하고 만난 지도 모르지만 누가 누구의 아름다움에 반해 마음을 허락했는지는 흐르는 물에 발을 담가본 사람은 어느 정도는 알 일이 아니겠습니까. 끌고 가던 소는 팽개치고 벼랑 끝 꽃을 따 남의 부인에게 바쳤던 어느 노인의 수고가 참 아름답기는 아름답다고 전해오는 얘기도 있기는 있기 때문입니다.

슬픈 근대近代

그 사람이 문을 열고 나간 것 같다 얼어붙은 강을 건너는 발자국 소리가 또닥또닥 뒤돌아 앉아 있는 나의 뒤란 구석구석을 붉게 물들이다 어느 순간 지난밤 내린 눈 무게를 이기지 못한 소나무 가지가 부러졌다 딱 하고 내 숨도 끊어졌다 그의 발자국 소리도 그 후 강물이 풀리고 부러진 가지 위로 새순이 돋는다 해도 나는 내일의 나를 알지 못한다

이후
별리別離 없는 야만의 나날이 혐오스럽다

시인의 얼굴
— 신석정

'란蘭' 이라는 계집아이와 함께
느티나무 아래서
먼 바다를 바라보던 작은 짐승
울부짖으며 품은 청년이
몸서리치는 이야기가
유령소리처럼 맺히는 날이면
꼭 남해여자가 아니어도
아무나 붙잡고 허튼 소릴 지껄여야 한다

제4부

꼬리에 꼬리를 물고 가는 하루하루

새우깡과자 봉지 안에서 쥐머리가 발견되었다고 난리치던 날 낄낄 네가 툭! 피상적으로 던져준 것이 무엇인지 눈치 챘다 낄낄낄 쥐꼬리만 한 비정규직 쥐꼬리만 한 시간 쥐꼬리만 한 강사 쥐꼬리만 한 월급 쥐꼬리만 한 공부 쥐꼬리만 한 현대시 쥐꼬리만 한 리얼리스트 쥐꼬리만 한 인정 쥐꼬리만 한 연대 쥐꼬리만 한 미래 그리고 낄낄낄낄 쥐꼬리만 한 집과 아이들 쥐꼬리만 한 세상아 네가 던져준 꼬리에 꼬리를 잡고 사슬을 만들어 피리 부는 사나이를 따라 쥐꼬리만 한 이 세상 아이들이 황금빛 숲 속으로 들어가던 날 머리 잃은 쥐 떼들이 꼬리에 꼬리를 물고 비탄의 강 코퀴토스를 건넜다

블랙홀은 그다지 검지 않다

전쟁이 스친 것도 아닌데 사내는 집을 나가 돌아오지 않는다 비틀어진 문설주 틈에 꽂힌 독촉장들 파산破產했다는 불온한 소식들 사이로 흙먼지 빛 아롱아롱 물기 어린 주사선走査線 길길이 달려 나가다 창백하게 떨어진 온 집안은 캄캄하다 하나 가득 입가에 하얗게 버짐 핀 계집들뿐 떼과부처럼 둘러 앉아 어린 것들은 돌아오지 않는 아비를 늙은 어미는 생때 같던 자식을 원수처럼 앙가슴에 새기고 있는 텅 빈 동굴 속 젊은 누이는 위험하다

빛이란 빛은 다 삼켜버려 좀 더 막막했으면 좋겠다 그렇게 딴딴한 어둠 구멍 속으로 어서어서 빨려 들어가 형체를 잃고 값싼 인정人情마저 사라져 부서지면 어두운 동굴 속을 기어 나와 백태 낀 눈으로 텅 빈 하늘 물끄러미 우러를 수 있었으면

……

갑자기

벌레의 구멍으로 통하는 문이 열리고 여자들은 모두 사라졌다 그러고는 빛보다 빨리 또 다른 문을 열고 닫고 열고 닫고 열고 쏟아져 나와 대학교 화장실에서 지하철 계단에서 빌딩 창문가에서 함바집 주방구석에서 쓸고 닦고 또 다른 우주를 하얗게 문지르고 있는 것이다

파리지옥

시인들이 떼 지어 끈끈이주걱 속으로 들어갔다
지옥문이 닫히고
낯익은 이름들이 점액질로 흘러나왔다
메슥메슥

서로를 집어 삼킨 고통 없는 욕망
그곳에 가지 않길 잘했다

재바른 날갯짓으로
날아온 딸년
앵둣빛 빨대 주둥이를 뽑아
양 볼에 번갈아 꽂아 가며 쪽쪽
내 영혼 밑바닥까지 빨아 먹는다

아, 몽롱한 것이,
천국이다

외롭고 높은 파리목숨

봄날의 아아! 오오!

1980년 4월 사북이어요 짧았던 봄이었어요 서른 해가 다 되어 가는데 머릿속에 틀고 앉은 김순이라는 살찐 여자가 홀랑 옷이 벗겨진 채 동원탄좌 정문에 묶여 있었어요 어용노조지부장의 마누라였어요 온통 새까만 남자와 부녀자들이 그 하얀 살첨을 향해 검은 돌을 마구 던졌어요 때론 음모를 뽑아 바람에 날리기도 했어요 아아! 그녀는 예수처럼 측은해보였어요 귀머거리 바보 멍텅구리 그래서 우리는 그 두더지 같은 인간들을 폭도라 불렀어요 곧 5월이 오는 줄도 모르고 우리 손으로 입으로 무슨 짓을 했는지도 모른 채

봄바람은 거꾸로 저 남녘으로 몰려가 수많은 어린 꽃망울을 깨우고 다시 와 4월 봄날 잊으려했던 이들의 이름을 부르며 꽃잎 지게 해요

4월은
5월의 어머니

오오! 누가 할머니를 죽였나요

겨우내 옷가지

장롱 문을 열자 봄이다
수천수만 뱀들이 서로 얽혀 몸부림치고 있는 먼지 구름 사이
어둠 속에 가라앉았던 옷가지들이 줄줄이 비집고 나와
모노륨 비닐장판 위에 뒤엉켜 누운 채 동심결을 맺고 있다

저 놈들은
머리채 끄잡아 길바닥에 내동댕이쳐도
좌판이 엎어져도
달려가 올라탄 채 목을 졸라도
후미진 골목 귀퉁이로 질질 끌고 가버려도
변두리로 변두리로만 밀어내어
벼랑 끝에 밀어 세워도
다시 돌아 올 수밖에 없는
빈 몸의 거푸집이다

오래전
풀리는 한강 모래톱에 모여
치도곤 방망이질 평평 소리 나게 맞았던
눈부신 먼지의 집이다

허리 굽은 할머니다

라파엘의 집

봄이면 햇살은
지난겨울의 얼굴을 지우고
오래전 라파엘의 집
어린 아이들을 자꾸
떠올리게 한다

봄이면
꽃들도 새들도
겹겹이 얼굴 부비며
일곱 번이나 버림받은 불행
딛고 수호하리라는
외경外經을 믿고
함께 피어 똑같은
울음을 울고 있다

지금은
어느 속된 소설가의 알레고리가 된

서대문 뒷골목

벌써 여덟 번 거절당한

우리들의 중복된 장애

길 위에서 죽다

길이 길을 끊어 놓았다는 것을
대추리 가는 45번 국도
어스름 저녁 무렵 짐승들
뭉개진 살점에서 보았다

가다보면
아직은 더운 피가 포도를 적시고
또 가다보면
너무 오래 짓밟혀 푸석한
흔적 사이로
안개 먼지 자욱하다

가다 가다
아예 어둠이 내리면
어디론가 끌려가는 날카로운 비명
길 위에서
살아 있었다는 퀭한

눈동자만 묘비처럼 새겨져 있다

오래전
비바람 갯벌에 묻었던
어린
그 길도 길이라는 것을
가다 뒤돌아보면 소스라쳐
소금덩이가 된다는 것을

뚝 끊어진
길 위의 수많은 목숨
희미한 발자국에서 보았다

철거되지 않는 기억

중앙선을 넘어 걷잡을 수 없는 속력으로 달려드는 컨테이너 트럭을 피해 핸들을 돌리는 순간, 머리에선 알 수 없는 수액이 흐르고, 가슴은 먹먹, 코끝 매운 바람이 휘젓고

영미다리 위에서 한 여자가 울부짖고 있었습니다
고무신을 잃어 혼날 걱정은 어디 가고
오함마에 무너진 판잣집들이
무섭습니다

방금 있었던 집들이
루핑 친 지붕이
피어나던 연기가
밤이면 가녀리게 깜빡이던 칸데라 불빛이
아이들의 배고픈 속삭임이

아예 부서지지 않아

* 영미다리 - 청계천변 지금의 숭인동에 있었던 다리

지우지 않은 문자

이틀 만에 숨이 목에 차더니 먹통이 되었다
마지막 발악도 유언도 아쉬움도 없이
영혼도 없이
서비스 센터 수리기사는 설레설레

남은 것은
저장된 전화번호 몇 개와
성탄축하 문자메시지
그보다
한 달 먼저 병원 중환자실
당직 의사가 그만
산소 호흡기를 뽑았던
평생 노동했던 환청메시지

부탁한다 부탁해 부탁 탁탁탁……

언제라도 다시 일어나

부를 것 같은
목숨은
무엇과도 바꿀 수 없는 것이 아니라
다른 한 생명과 스르르 손을 놓을 뿐이다

위험한 트랙

그날은 비가 억수같이 쏟아진 날이었다 아냐 불타오르던 건물 위로 물폭탄이 떨어지던 날이었어 나도 모르게 스타트를 끊었지 한때 단거리 육상선수였거든 기억이 습성을 이겼던 소중한 날이야

그런데 위험해 위험해 위험해 고래고래 소리 질러도 꿈결처럼 뻐끔거리는 비명 사이로 추락하는 불덩이들. 돌고 돌아 제 자리로 돌아와 있는 이 사태 앞에 숨을 거두고 말았던 힘겨운 레이스

속도를 내라 벗어나려면 죽을힘을 다해 튕겨 나와라 뼈아픈 기억 하나가 따라 붙었다

시인의 얼굴

— 박용래

용래는 깊은 산속 소금종지다
귀하디귀한 눈물을 담고 있어
그를 보지 못할지라도
생각이 말라 목이 마를 때면
그 쪽에 머리 두기만 해도 순한 양이 된다
마음이 몹시 서러운
짐승이 된다
종삼과 함께 우리에게 더 이상 시인은 없다

제5부

지금 라사에 달라이 라마는 없다

사랑아 목 놓아 부르는 것들아 오지 않는 것을 오래도록 기다리고 있는 설원雪原 맨발로 건너 그리운 사람에게로 절뚝이며 가는 사랑아 온전히 너를 읽지 못해 우리는 저 먼 곳과 저 먼 곳에서 서로를 하염없이 바라다보는

텅 빈 서판書板

목리木理

축원무가祝願巫歌 듣지 못하여도
가슴속에
칠성판에 올려질 알몸 위에

부끄러움 박힌
잔물결 부딪히는
소목小木의 꿈

큰 집은 짓지 말자는
성문 밖 바람소리

오동나무 궤짝 속에
어둡게들 모여 있다

무너진 문짝을 열면
느닷없이
뛰쳐나가는 눈물방울들

눈부신 위에

응어리

회문回文

천안역 대합실
한 수녀가 비엔나커피를 한 손에 들고 한 모금 마시며 지나쳤다
윗입술을 살짝 당겨 하얀 거품을 모두어갔던
인주빛 설화

피어,
후박나무 잎사귀에 소낙비 쏟아져 내리고
그 밤 별들은 먼 바다 속으로 무자맥질
할머니 수절한 혼불이래
푸른 이야기를 흩뿌리고 달아나는 아이들
머리맡 꿈속 꽃자루 깨어진
역사 한쪽 수수꽃다리
쓰디 쓴 잎
장난하며 씹는
4월 어느 날

나 가다 오나 나 오다 가나

열릴 듯 열릴 듯 열리지 않는 방
열쇠 하나 손에 꼭 쥐고

귀소歸巢

바닷길 무진舞進 안개 속 길 잃으면
멀리 거제도 소엽란 맑은 향기 따라
돌아온다는 뱃사람들처럼

다시는 돌아가지 못하리
그곳은 헤롤드 핀터*의 고향
창부의 소굴
노동자들이 몰려다니며 하루 종일
붉게 충혈된 눈으로 소리악 쓰며 주먹질 하는
폭도의 땅

흙냄새 땀내음 바람 한 점 없는 유배지에서
나 다시는 돌아가지 못하리

* Harold Pinter(1930~) : 영국의 극작가. 사상과 행동의 모순을 그린 작품 귀향(The Homecoming)이 있다.

괴물을 기다려

황금빛 균열 징그러운 것이 함빡 털을 날리며 제 꽁무니에서 뽑은 실오리를 타고 쓰윽 한번 돌아보고 서둘러 사라질 때 몸소름 바람이 스쳤고

나는 겨울 측백나무 숲으로 가 있었다 이상한 소리 지르며 몸을 키우고 털을 내고 순식간에 자라난 손톱 발톱을 휘휘 허공에 내저으며 꽝꽝 발 구르며 가슴 치며 날 선 송곳니 갈며 닥치는 대로 보이는 대로 낯선 모든 것을 다 죽여 없애는

쓸쓸한 피흘림

어둠 속 귀퉁이 쳐 놓은 그물 속
헛된 몸부림
어린 날 한 밤의 몽유夢遊 같은 것
아무것도 새로운 그 무엇도
이제는 짖지 말자는

너에게로 가는 길 벚꽃 진다

슬픔을 떠받든 바람아
한번 더 욕망을 불어넣어
힘없이 고개 숙인 등짝
세게 후려치거라
너에게로 가는 길
때론 느림보가 되어
마냥 마냥 흩날리는 꽃잎 속
맹목의 부릅뜬 눈
까마득한 재를 뿌려라
어서 어서 서둘러
너에게로 가는 길
없는 길
아득한 세월 복되게 하라

귀뚜라미 우는 내력

물레방아 도는 내력은
새들이 우는 속을 알아보기 위함*

털수염 도마뱀을 키우기 위해서는 먹잇감 귀뚜라미를 따로 양육해야 한다
한 끼니에 열 마리씩 먹어 치우면 누구나 죽음이 코 앞
귀뚜라미보다 도마뱀이 앞서 있는 먹이사슬을 자연이라 하는가

귀뚜라미 우는 속은
내게 주어진 수레바퀴를 거꾸로 돌려보려는 구슬픈 내력

* 박재홍의 노랫가락을 들어보면

40mm

의사는 심각하게 노란색 차트를 뒤적이다 뭐라 알 수 없는 꼬부랑글씨를 흘린다 X레이 사진도 걸쳐 놓고 입맛을 다시고, 컴퓨터 모니터에 MRI 입체 영상을 띄우고 온몸을 투시한다 “목 경추는 5번, 6번, 7번이 협착이 되어 좁아져 있고, 등뼈는 휘어졌고, 온몸이 성한 데가 없네, 어깨는 관절에 염증이 있고, 연골은 다 닳았어, 심줄이 끊어져 아픈 거야, 자 봐, 여기 하얗게 보이는 데 말야, 재볼까? 음 40mm나 찢어졌네. 이런 상태로 어떻게 버텼어. 쯔쯔”
연신 반말이다.

에이,
병원 문을 나와 내내
죄인처럼 말없이 따르는 사람은
수없이 바벨을 들어 올렸던 역도선수도
철봉에 매달려 어린 날을 보냈던 체조선수도
퇴물 프로야구선수도 아니다

엄마는 저항의 간극
나는
일을 끝낸 저격수처럼
기둥 뒤에 숨어 숨죽이고 있다

친절한 죽음

아침에 일어나 마른세수를 하고
가만히 앉았노라면
밤새 산을 내려온
이슬 묻힌
발자국 소리가 부드러워
부스스 일어나
고요히 따를 것만 같다

태풍

어스름 저녁 무렵

붉은 달이 떠오를 때

일본 오키나와 동쪽 부근

심중에 둔 역린逆鱗 하나

북상 중

시인의 얼굴
— 김종삼

그는 한 마리 독수리였다. 석양을 뒤로 한 채 긴 그림자를 떨어뜨리며 언제나 고공비행중이다. 억센 턱을 내밀고 날카로운 발톱으로 내 어깨를 찍어 누르며 어디론가 갈 것을 재촉한다. 죽어서도 그 영혼 찾을 길 없다.

□ 해설

시선의 윤리

— 이민호, 『피의 고현학』

고봉준(문학평론가)

1.

'고현학(考現學)' 은 모더놀로지(Modernology)의 일본식 조어이다. 일본의 건축학자 곤와지로(今和次郎)가 1927년 전람회에서 처음 사용한 이 단어는 '밝은 근대' 의 무대인 새로운 도시에 대한 관찰자의 시선을 가리키는 말이다. 고고학(考古學)이 과거를 대상으로 하는 역사학의 범주라면, 고현학은 현대를 대상으로 하는 사회학 범주이다. 탐정의 눈으로 '도시' 를 세밀하게 관찰하고 당대의 유행과 변화 속에서 숨겨진 삶의 편린을 끄집어내는 것이 고현학의 핵심이다. 그래서 이 시선에는 대상과의 거리두기가 존재한다. 곤와지로의 말처럼 고현학은 "세간의 생활을 관찰하는 위치"에 설 때에만 가능하기 때문이다. 그래서일까? 이민호의 시집에 쓰인 '고현학'이라는 제목은 어딘가 이상하다. 그의 시는 현대적 삶을 '풍경'으로 받아들일 정도의 객관적 시선을 취하고 있지 않으며, 더욱이 '고현학'이라는 대상에 대한 객관적 태도와 '피'라는 정념의 기호가 도무지 어울리지 않는다. 물론 몇몇 작품들에서 시인이 외부의 세계를 풍경처럼 건조하게 제시하고 있기는 있다. 가령 여름 한낮의 몽환적인 분위기를 담백하게 그린 「백일몽」이나 모든 존재들이 사라진 어두운 길 위의 현존을 묘사한 「오만한 길」 등에서 시인은 예외적으로 객관화된 시선으로 세상을 본다. 그러나 소수의 예외를 제외하면 이민호 시집 『피의 고현학』을 관통하는 시선은 매우 감정적이다. 아니, 사실 이민호 시집 『피의 고현학』에는 서로 다른 질감의 시선들이 교차하고 있다.

시선(視線)은, 시적인 사물/ 대상이 그러하듯이, 극사실주의를 지향하는 의도의 산물이 아니고서는, 결코 객관적일 수 없다. 시선은 사물/ 대상과 대면하는 태도와 무관하지 않고, 시선과 태도의 결합은 결국 사물/ 대상의 어떤 차원을 밝혀낼 것인가라는 본질적인 물음으로 이어진다. 물론 이 경우, 시선의 주체를 시인(또는 시적 화자)이라고 가정하는 것은 옳지 않다. 시는 시인과 사물/ 대상의 비일상적 충돌에서 발화되는 것이지, 전지적인 시선이 사물/ 대상을 '대상'의 수준에 고착시키는 주체—대상이라는 이분법적 시선에서 생겨나지 않기 때문이다. 극단적으로 시는 시인—주체의 내부에서 끄집어낸 언어가 아니라 시인의 '바깥'에서 도래하는 '낯선 것'에 대한 반응이다. 그러므로 시선과 태도는 이 충돌을 받아들이는 독특한 방식의 산물이고, 이 산물을 벗어나 객관적으로 존재하는 사물/ 대상의 세계란 존재하지 않는다. 이런 까닭에 우리는 한 편의 시가 보여주는 것은 다만 시선일 따름이라고 말할 수도 있다. 시는 시 이상의 어떤 것에 대해서 말하거나 재현하지 않는다. 다만 하나의 시선/ 태도를 제안할 뿐이다. 마찬가지로 모든 사물/ 대상은 무한히 반복되고 변주된다. 그것에 관한 최종적인 해석은, 그것에 관한 객관적인 정의는, 원천적으로 불가능하며, 오직 n개의 해석, n개의 시선만이 있을 뿐이다. 그러나 이 시선의 주인은 결코 시인 자신이 아니다. 우리는, 바다 위에서 반짝이며 유영하는 깡통이 반사하는 빛이 그러하듯이, 우리의 의지와는 무관하게 사물/대상에게 시선을 빼앗기는 죽음을 경험한다. 시선의 권리, 시선의 윤리는 결코 그 시선의 주인이 우리 자신이 될 수 없음에서 나온다.

2.

『피의 고현학』은 이질적인 시선들이 교차하는 하나의 아쌍블라쥬(assemblage)이다. 그래서 이 시집에는 상이한 시각적 질감만큼이나 많은 입구들이 존재한다. 그 시선-입구의 하나는 동시대의 현실을 음화(陰畵)로 인각(印刻)하는 현실주의적 시선이다. 고현학(考現學)이 현재(今)에 관한 시선이라면, 이러한 현실주의적 시선이야말로 고현학이라는 명칭에 가장 근접한 것이 아닐까. 그러나 이민호 시의 현실주의적 시각은 현실에 대한 전형적인 재현과 민중적 세계관이라는 저 80년대의 리얼리즘과는 분명하게 다르다. 그의 시에는 '비극적 위대함' 이 결여되어 차마 '비극적' 이라고 말하기도 어려운 낮은 삶, 권력과 시대의 중심에서 떠밀린 숱한 무명(無名)들의 지난한 삶에 대한 애정, 그리고 그들의 삶을 불행에 빠뜨리는 불합리한 현실에 대한 냉철한 시각이 공존하고 있다.

둘러앉아 한 송이 포도를 나눠 먹으며
조금 있으면 우리 모두는
자줏빛 혓바닥을 갖게 될 것이라고
어린 것들이 반달 같은 혀뿌리를 길게 빼고
너도 어서 내놔라 아빠야

너도 어서 내놔라 엄마야
만약 내놓지 않으면 구워 먹을 테다
춤추며 노래하며 발광하는 가을

집은 왕십리 산동네
재개발지역
조금 있으면 우리 모두는

—「원시가족」 전문

대중들의 불행한 현실을 고발하는 저 80년대적인 리얼리즘이 혁명의 기폭제가 되기를 희망했다면, 이민호의 시에서 불합리한 현실을 조용히 응시하는 현실주의적 시선은 결코 그러한 혁명을 꿈꾸지 않는다. 이것은 현실사회주의가 몰락한 이후의 현실주의에서 공통적으로 목격되는 특징이지만, 다른 한편으로 시인이 현실비판을 한층 내면적인 시선과 언어로 대면하고 있다는 것을 말해준다. 한 가족이 둘러앉아 한 송이의 포도를 나눠먹고 있다. 그러나 우리는 이 가족의 단란한 한때가 오래 지속되지 않을 것임을 안다. 포도를 먹으며 '어린 것들' 은 잠시 후 자신들이 '자줏빛 혓바닥' 을 갖게 될 것을 기대하고 있다. 시인은 이 '자줏빛 혓바닥' 에 대한 아이들의 심리, 즉 엄마와 아빠의 혓바닥을 수시로 확인하려는 아이들의 기대를 "너도 어서 내놔라 아빠야/ 너도 어서 내놔라 엄마야/ 만약 내놓지 않으면 구워 먹을 테다" 처럼 구지가(龜旨歌)를 패러디하여 표현하고 있다. 아이들에게 미래(2행의 '조금 있으면')는 혓바닥이 자줏빛으로 바뀌는 동화적인 변신의 시간이지만, "왕십리 산동네/ 재개발구역" 에 위치한 이 가족에게 접근하고 있는 상징계의 미래(11행의 '조금 있으면')는 재난의 시간이다. 동화적인 변신이라는 상상계적인 밝음과 재난의 시간이라는 상징계적인 어둠의 대조적인 색감이야말로 이 시의 핵심이다. 이러한 대조의 효과는 '조금 있으면' 이라는 동일한 진술이 서로 다른 맥락에 배치됨으로써 전혀 다른 효과를 발생시키는 장면에서도 드러난다.

그런데 이 시에서 '철거' 라는 일상화된 재난이 더욱 비극적인 느낌을 주는 것은 이 가족을 둘러싸고 있는 불행한 현실이 아이의 시선과 목소리를 관통하고 있기 때문이다. 옛날 백석의 시편들이 그러했듯이, 이민호의 시에는 종종 아이들의 시선으로 세계를 응시하는 장면들이 등장한다. 가령 비정규직 사내("애비는 비정규직이다")의 불안한 심리를 노래한 「일곱 살 걱정거리」는 앞니가 빠진 아이의 유아적인 걱정과 불투명한 미래에 대한 어른의 걱정을 교직시키는 특이한 방식으로 발화되고 있으며, "죽음의 그림자마저도 다 끌어안고" 줄넘기를 하고 있는 삶의 위태로운 형국을 노래한 「고무줄 노래」 또한 "하늘 높이 아름답게 펄럭입니다"라는 유아적인 진술을 통해서 삶의 비극적 상황을 아이러니컬하게 발산하고 있다.

고현학(考現學)이 현재(今)에 관한 시선이라고 말할 때, 그리고 그것이 현실주의적 시각에 의해 주파될 때, 이민호의 시에서 현재적 삶은 대개 일상화된 재난으로 형상화된다. 「블랙홀은 그다지 검지 않다」에서 시인은 "전쟁이 스친 것도 아닌데 사내는 집을 나가 돌아오지 않는다 비틀어진 문설주 틈에 꽂힌 독촉장들 파산破産했다는 불온한 소식들"처럼 파산 상태로 집을 나가 돌아오지 않는 사내와 그를 기다리는 기족들의 모습을 그로테스크한 이미지로 포착하고 있으며, 「라파엘의 집」에서는 "지금은/ 어느 속된 소설가의 알레고리가 된/ 서대문 뒷골목/ 벌써 여덟 번 거절당한/ 우리들의 중복된 장애"라는 진술로 사물화된 장애인의 삶을 형상화하고 있다. 또한 「길 위에서 죽다」에서는 "대추리 가는 45번 국도"를 배경으로 목숨의 시적 상관물인 '길'의 형상을 발견하고 있고, 「철거되지 않는 기억」에서는 "방금 있었던 집들이/ 루핑친 지붕이/ 피어나던 연기가/ 밤이면 가녀리게 깜빡이던 칸데라 불빛이/ 아이들의 배고픈 속삭임이// 아예 부서지지 않아"처럼 '철거'라는 현실적 재난이 상징적인 시간의 흐름을 거슬러 지워지지 않는 트라우마로 경험되는 현실을 노래하고 있다. 이러한 모든 일상적 재난들은 결국 시인이 현재(今)와 대면하고 있는 시선의 정치와 윤리를 보여주는 시적 장치들이다.

3.

두 번째 시선은 존재론적인 연대의 시선이다. 그것은 중심에서 밀려난 낮은 곳의 삶을 마치 한 편의 풍경화처럼 그려내는 시선이고, 더불어 그 삶에 대해 생명의 차원에서 연대감을 표현하는 친밀성의 시선이기도 하다. 그래서 때로 이 시선은 인간주의의 형태를 취하기도 하고, 또 때로는 생명주의적 태도를 취하기도 한다. 물론 이 인간주의적 시선은 상징적 시간을 재난과 불행으로 포착하는 현실주의적 시선과 무관하지 않다. 현실주의적 시선이 삶의 비극성을 환기하려는 태도에 근접해 있다면, 이 존재론적 연대의 시선은 차라리 낮은 삶에 대한 무한한 긍정과 연대의 욕망을 품고 있다. 이러한 특징 때문에 이 시선이 매개하는 시적 현실은 설령 그것이 균열된 현실일지라도 상징적 질서 안에서 정화되거나 견딜 수 있는 아픔으로 인식된다. 가령 「삼양동 헌화가」라는 시가 그렇다.

> 삼양동 빨래골 오르막을 짐자전거 한 대가 휘휘 청청 오르고 있습니다. 곧 해 질 것 같은데 눈부시지는 않지만 운선

처럼 어여쁜 여인이 짐칸에 앉았습니다. 사내는 참 울퉁불퉁 투박하기도 하여 허이허이 속으로 외치며 고래 숨 내듯 씩씩대며 페달을 밟습니다. 여인은 아름답게 고즈넉하고 사내는 안간힘 속에 즐거운 낯빛입니다. 그들은 애초부터 저렇게 살기로 하고 만난 지도 모르지만 누가 누구의 아름다움에 반해 마음을 허락했는지는 흐르는 물에 발을 담가 본 사람은 어느 정도는 알 일이 아니겠습니까. 끌고 가던 소는 팽개치고 벼랑 끝 꽃을 따 남의 부인에게 바쳤던 어느 노인의 수고가 참 아름답기는 아름답다고 전해오는 얘기도 있기는 있기 때문입니다.

—「삼양동 헌화가」 전문

「원시가족」이 구지가(龜旨歌)의 패러디적 요소를 지니고 있다면, 이 시는 헌화가(獻花歌)의 모티프를 함축하고 있다. 헌화가에서 암소를 끌고 지나가던 노옹과 수로부인의 전설적 관계가 이 시에서는 짐자전거를 끌고 가는 사내와 짐칸에 앉은 운선처럼 어여쁜 여인의 관계로 바뀌어 있다. 시인은 해지는 풍경을 배경으로 가파른 오르막길을 올라가는 한 대의 짐자전거를 바라보고 있다. 정확하게 말하자면 여인을 태우고 언덕길을 올라가는 한 대의 짐자전거가 시인의 시선에 들어왔다고, 노출되었다고 말해야 할 것이다. 주위의 모든 소음이 일시에 제거된 듯한 진공의 시 · 공간 속을 마치 떠다니는 구름처럼 움직이는 이 자전거 풍경에 대해 시인은 자신의 감정 개입을 최대한 자제하고 있다. 물론 즉물시가 아닌 다음에야 시에서 감정적 요소를 완전히 배제하는 것은 불가능한 일이다. 그럼에도 불구하고 이 시에서 풍경을 바라보는 시인의 시선은 의식적으로 객관적인 태도를 취하고 있다. 바로 이 객관적인 태도로 인해서 자전거 풍경은 한 폭의 아름다운 풍경화처럼 고즈넉하게 다가온다. 시집 『피의 고현학』에는 이처럼 시적인 장면을 '풍경'에 근접시키는 몇 편의 시들이 등장한다.

> 여자는 일요일이면 성스럽게 재활용 쓰레기를 버린다 빈 유모차를 앞세우고 따라 나선 늙은 여자가 아까운 듯 지난 날을 집어 들고 어디다 둘 수 없어 아파트 단지 내를 몇 번이고 돌다 슬그머니 화단 한 옆에 내려놓고 돌아와 수챗구멍 속으로 사라지는 속절없는 물빛의 소용돌이를 보고 있다 부스러기로 쓸려가는 시간의 알갱이들을 붙잡을 수 없었다고 무심코 목련도 벚꽃도 다투어 지고 난 봄의 끝자락 맑게 비친 초경 자리
>
> —「버림의 미학」 전문

이 시에 등장하는 시인의 시선은 카메라를 연상시킬 정

도로 객관적이다. 물론, 재활용 쓰레기를 버리는 여자의 모습에서 성스러운 느낌을 받고, 그녀의 뒤를 좇는 늙은 여자의 과거에 대한 향수를 가시화하는 장면들은 결코 객관적이라고 말할 수 없다. 특히 수챗구멍 속으로 사라지는 물빛의 소용돌이에서 붙잡을 수 없는 시간의 알갱이를 끄집어내고, 시간에 대한 그 불가항력을 "봄의 끝자락 맑게 비친 초경 자리"와 병치시키는 장면은 승화의 시학이라고 불러도 좋을 정도로 전통적인 시적 인식에 충실하다. 그러나 재활용 쓰레기를 버리기 위해서 집을 나선 두 여자의 동선을 뒤따르는 시인의 카메라적 시선과, 그녀들의 행동에 대한 주관적 개입을 절제하려는 시인의 의식적 노력은 시선의 윤리가 타자를 대상화하거나 주관화하는 방식의 폭력적 동일시 바깥에서 성취될 수 있다는 것을 말하려는 듯하다.

그렇지만 이러한 카메라적 시선이 일체의 감정을 배제한 즉물적 시선은 아니다. 앞에서 설명한 것처럼 이민호의 시에서 이러한 시선의 객관성은 존재론적인 연대의 시선을 전제하고 있기 때문이다. 이를테면 아이의 비난을 무릅쓰고서라도 애완용 햄스터를 해방("어서 쇠창살을 깨뜨리고 딸년 몰래 햄스터를 놓아 주어야지.")시켜주려는 의지를 담고 있는 「푸코와 데리다」, 인위적인 소리를 벗어난 자연("그냥 내 몸에서 물소리 새소리 사람소리 흘러나오도록 이제 그만")의 소리를 갈망하는 바이올린이 등장하는 「솔 · 레 · 라 · 미」, 그리고 삶을 슬픔을 통한 연대로 표현("머리와 다리를 접붙여 앉히고/ 국수 말아 먹을 슬픔이 출렁/ 바다를 이룬")한 「읍揖 차린 잔치」, 생명에 대한 경외와 배려("손목 부러진 삽자루를 가만히 일으켜/ 흙무덤에 꽂아 주었다")의 감정을 함축하고 있는 「외발로 서 있는 詩」 등은 낮고 보잘 것 없는 삶에 대한 신뢰와 애정으로 충만하다. 이런 점에서 카메라적 시선이라는 표현은 하나의 비유에 불과하다. 모리스 블랑쇼가 지적한 것처럼, 모든 시작(詩作)이 바깥의 침입에 의해서 비롯되고 비일상적 시간의 도래에서 시작되는 것이라면, 이러한 존재론적 연대의 시선 또한 카메라적 시선의 객관성이 불가능한 지점에서만 획득될 수 있을 것이기 때문이다. 그럼에도 불구하고 시인이 시적 대상을 마치 '풍경'처럼 객관적인 시선으로 응시하려는 태도를 고집하는 것은, 추측컨대 시선이 지닌 동일화의 폭력으로부터 대상을 해방시킴으로써 타자의 타자성이 그 자체로 존재할 수 있도록 만들기 위해서일 것이다. 이러한 타자 지향의 시선이 마지막에 도달하는 지점이 바로 "하심(下心)이 아니고서는 바라볼 길 없는 곳에 문득 서 있다"(「강둑길로 내려가다」)의 세계이다. 그곳에서 시인은 "졸이고 졸인 마음/ 하얀 흙무덤"을 발견하는데, 이것은 하심(下心)의 시적 상관물이라 부를 수 있는 승화의 산물이다.

4.

세 번째 시선은 '절박한 패배주의'의 시선이다. 자신의 외부를 향하고 있는 앞의 시선들과 달리, 이 시선은 시인 자신을 대상으로 설정하고, 자신의 내부를 응시하는 내면적 시선이다. 파토스적 충동과 극심한 패배감, 그리고 허무주의에 근접하는 자기 상실과 상처의 언어들이 이 시선을 관통한다. 이는 외부를 응시할 때와 달리 시인이 자신을 매우 가혹한 시선으로 바라보고 있다는 것을 뜻하는데, 세 가지 시선 가운데 빈도와 강도의 측면에서 가장 두드러지는 것은 바로 이 세 번째 시선이다. 그러므로 이민호의 시는 자신의 내면을 응시하는 절박한 패배주의적 시선과 자신의 외부를 응시하는 현실주의적 · 존재론적 연대의 시선으로 찢겨져 있는 셈이다.

새우깡과자 봉지 안에서 쥐머리가 발견되었다고 난리치던 날 낄낄 네가 툭! 피상적으로 던져준 것이 무엇인지 눈치챘다 낄낄낄 쥐꼬리만 한 비정규직 쥐꼬리만 한 시간 쥐꼬리만 한 강사 쥐꼬리만 한 월급 쥐꼬리만 한 공부 쥐꼬리만 한 현대시 쥐꼬리만 한 리얼리스트 쥐꼬리만 한 인정 쥐꼬리만 한 연대 쥐꼬리만 한 미래 그리고 낄낄낄낄 쥐꼬리만 한 집과 아이들 쥐꼬리만 한 세상아 네가 던져준 꼬리에 꼬리를 잡고 사슬을 만들어 피리 부는 사나이를 따라 쥐꼬리만 한 이 세상 아이들이 황금빛 숲 속으로 들어가던 날 머리 잃은 쥐 떼들이 꼬리에 꼬리를 물고 비탄의 강 코퀴토스를 건넜다

— 「꼬리에 꼬리를 물고 가는 하루하루」 전문

이것은 "때론/ 모든 것이 모질되/ 한갓 풍경이라는// 절박한 패배주의"(「학살」)의 흔적이다. 시인은 새우깡과자 봉지에서 쥐머리가 발견되었다는 기사를 접하면서 불현듯 자신의 존재가 '쥐꼬리만 한' 것이라고 인식하기 시작한다. 그러므로 이 시에서 '쥐꼬리'의 비유체인 비정규직, 강사, 월급, 공부, 현대시, 리얼리스트…… 등은 모두 시인의 존재감을 위협하는, 동시에 그것들로 이루어진 시인 자신의 정체성이다. 슬픔과 비탄의 강 코퀴토스는 이렇게 그리스 로마의 세계를 가로질러 시인의 현실로 들어온다. 그러나 이러한 슬픔과 비탄의 도래 앞에서 시인은 '낄낄낄낄'이라는 웃음소리가 그러하듯이 자기비하적인 태도로 일관한다. 도저히 수락할 수 없는 불합리한 현실이 자신의 유일한 현실이 된 상황 앞에서 시인은 분노하거나 대결하

려 하지 않고 그 모든 분노와 비판의 화살을 자신에게로 돌려버린다. 아니, 이처럼 화살을 자신에게 돌리지 않고서는 받아들일 수 없는 현실을 살아갈 도리가 없는 것인지도 모른다. 분명한 것은 이러한 자기 조소적 시선이 앞의 두 시선들에서는 한 번도 노출되지 않았다는 사실이다.

서해 어느 해안가던가 백상아리 한 마리가 죽은 채 떠올랐다 풍문으로 떠돌던 얘기보다 더없이 거대한 몸뚱이는 왠지 수줍어 다소곳하다 밧줄에 묶여 뭍으로 질질 끌려오는 내내 동공없는 까만 눈 속 바닷물이 가득 일렁였다 일주일을 다 보내고 그 다음날이면 뭉텅 빠졌다는 이빨 한 줄이 하나 둘 뽑혀나갈 때,

동화나라 걸리버의 주머니를 뒤졌던 소인국 릴리푸트 사람들이 어느새 몰려와 상어뱃속을 가르기 시작하자 별의별 잡동사니들이 다 쏟아져 나왔다 불탄 시신, 잘린 손가락, 금감 형해形骸, 변형된 염색체, 용광로에 잠긴 눈물, 타워 크레인 꼭대기에 걸었던 붉은 깃발……. 거기에 있을 법한 그녀의 눈빛 허벅지는 없었다고 수근거릴 때,

가라앉지 않기 위해
미움받기 위해

무엇이든 집어 삼키고 마는 지독한 근시안

나는 심연 없는 몸뚱이였다

—「상어를 사랑해」 전문

전체 4연으로 구성된 이 시의 시적 대상은 둘이다. 1연의 "백상아리 한 마리"와 4연의 '나'가 그것이다. 시인은 어느 날 서해 해안가에서 "백상아리 한 마리"가 떠오른 이야기를 전해 듣는다. 소문과 달리 죽어서 물 위로 떠오른 백상아리의 거대한 몸뚱이는 "수줍어 다소곳"하게 보인다. 시간이 지나자 백상아리는 그 위용을 상실하고 날카롭던 이빨이 뽑혀나간다. 소인국 사람들이 몰려와 뱃속을 갈랐을 때, 상어의 뱃속에선 잡동사니들이 쏟아진다. 상어의 이 비극적이고 초라한 죽음에서 시인은 자신의 운명을 본다. 시인 자신은 "가라앉지 않기 위해/ 미움 받기 위해/ 무엇이든 집어 삼키고 마는 지독한 근시안"이었고, 그리하여 "심연 없는 몸뚱이였다"는 진술이 그것이다. 삶에 대한 자의식이 분명하게 드러나는 이 시에서 시인은 지금까지의 삶이 '~을 하지 않기 위해', 즉 자신의 삶이 타자의 시선과 욕망에 이끌려왔음을 고백하고 있다. 물론 여기에는 그 시선과 욕망의 바깥에 대한 의지가 없다. 다만, 지난 삶의 행로가 침몰하지 않기 위한 발버둥의 연속이었고, 그리하여

'심연'을 잃어버린 삶이었다는 회한의 고백만이 존재할 뿐이다.

그러므로 '절박한 패배주의'의 시선이란 이러한 깊이 없는 삶 앞에서 고통과 치욕의 시간을 감내해야만 했던 한 존재의 생존기인 셈이다. 물론 이때의 생존이란 패배주의를 넘어서는 긍정이 아니라 외부를 향한 공격적 에너지를 모두 내면으로 투사하는 지독한 회의주의자의 그것일 수밖에 없다. 때로는 이 생존이 "아, 몽롱한 것이,/ 천국이다 // 외롭고 높은 파리목숨"(「파리지옥」)처럼 특유의 몽환적인 이미지에 의해 간신히 유지되기도 하지만, 대개의 경우 "빛이란 빛은 다 삼켜버려 좀 더 막막했으면 좋겠다"(「블랙홀은 그다지 검지 않다」)처럼 세계를 말소하는 허무주의의 방향으로 귀결된다. "아무것도 새로운 그 무엇도/ 이제는 짓지 말자는"(「괴물을 기다려」) 같은 불모의 상상력 또한 이런 맥락에서 이해될 수 있다. 시인은 「귀소歸巢」에서 자신을 고향으로 돌아가지 못할 운명의 유배자로 묘사한다. "흙냄새 땀내음 바람 한 점 없는 유배지에서/ 나 다시는 돌아가지 못하리"(「귀소歸巢」) 그런데 이 시에서 돌아갈 수 없는 '고향'이란 "창부의 소굴"과 "폭도의 땅"이다. 아름다운 들판과 청명한 자연세계가 아니라 창부와 폭도가 들끓는 고향. 이 대목이 그리움이라는 정서를 통해 '고향'을 낭만주의적인 근원으로 이해하는 여타의 시적 상실과 이민호의 시가 근본적으로 구분되는 지점이다. 여기에서 창부와 폭도가 존재하는 고향이란 구체적으로 어디일까? 추측컨대 그곳은 처음의 현실주의적 시선에 의해 포착되었던 세계가 아닐까. 그렇다면 시인이 말하는 '고현학'의 관찰자적 시선, 또한 "때론/ 모든 것이 모질되/ 한갓 풍경이라는// 절박한 패배주의"(「학살」)란, 결국 현실과의 밀착감을 잃어버린 채 환멸의 시간을 견뎌야했던 한 현실주의자의 불행한 내면이 빚어낸 단말마인지도 모른다.